Das neue Pink-Thinker Buch

Werde Besser-Denker und finde dein Glück

von

Michaela Röder

Impressum

Neuauflage 2014

Erstausgabe 2007

Copyright Mai 2007, Michaela Röder, Neuss

Lektorat: Mikki Maroldt

Covergestaltung: Kakigori Studio

ISBN: 978-3-732296-48-4

Alle Rechte beim Autor

Nachdruck - auch auszugsweise - nicht gestattet.

Herstellung und Verlag:
BoD - Books on Demand, Norderstedt

Inhaltsverzeichnis

Pink-Thinker – das neue Buch...........5

Die Pink-Thinker...................................11

Achtung !!!..13

Woran erkennt man.................... 15

Herr Grießgram...................................18

Glückspilz..23

Hippie-Style- innere Mitte..................28

Wunder geschehen............................38

Der Geben-Trick..................................47

Der Wegstecktrick..............................49

Aufmerksamkeit..................................51

Die Glücksmomente..........................55

Der trauernde Pink-Thinker.............63

Wunder geschehen doch!...............75

Lebe deinen Traum............................78

Die Magie des „Jetzt"......................83

Der Pink-Thinker und die Liebe..........90

Herr Grießgram hat ein Haustier..........95

Gutes Essen macht gute Laune..........99

Das Schönste was..................101

Der gesunde Pink-Thinker..................109

Gesundzeit..........................113

Danke................................118

Das Ende der Pink-Thinker?............124

<u>Pink-Thinker - das neue Buch</u>

Ein Teil des Buches könnte dir eventuell bekannt vorkommen, wenn du bereits das Pink-Thinker Buch gelesen hast.

Hier ist sie nun, die Neuauflage des Pink-Thinker Buches.

Ich habe mir erlaubt, die letzen 6 Jahre in Stichworten zusammenzufassen:

6 Jahre

Ca. 12.000 Leser

Etwa 6000 Beratungen

1000de Zuschriften und reich an Erfahrung.

Es ist 6 Jahre her, da kam das Pink-Thinker Buch „auf die Welt".

Im Jahre 2007, um genau zu sein.

Mein erstes Buch bis dato.

Ich war sehr aufgeregt und voller Enthusiasmus.

Zwei Jahre hatte ich gearbeitet an diesem Buch und zwei weitere Jahre gezweifelt, ob ich es wohl kann und wie die Menschheit es finden würde.

Viel Aufbauarbeit von meinem Umfeld war nötig und dann war es soweit. Ich traute mich, das Manuskript an Verlage zu schicken.

Ein weiteres Jahr hatte es gedauert, bis endlich eine Zusage kam und noch ein weiteres Jahr, bis ich es endlich in den Händen hielt.

Dies war das allerunglaublichste Gefühl, meines Lebens. Immer wieder blätterte ich in MEINEM Buch und tatsächlich:

In einem Buch mit meinem Namen darauf standen die Dinge, die ich geschrieben habe.

Es war gelungen und ich war überzeugt von meiner Idee, die Welt mit positivem Denken zu beflügeln.

Ja, auch heute bin ich immer noch überzeugt:

Positives Denken hilft!!!

Die alten Regeln gelten noch immer, mehr denn je.

Auch, wenn ich mich inzwischen hauptsächlich auf das Thema Liebe und Partnerschaft spezialisiert habe.

Ich bin heute sozusagen eine Sexpertin mit Hang zum positiven Denken.

Die Carrie Bradshaw des Rheinlands wurde ich von der Presse bereits genannt, weil ich einen Blog schreibe: Liebe, Sex und andere Gemeinheiten.

Es hat sich viel getan in den letzen sechs Jahren. Wahrscheinlich würde ich heute nicht mehr ein so verspieltes Buch über das positive Denken schreiben. Wahrscheinlich würde ich auch verlagstechnisch einiges anders machen.

Ganz sicher sogar.

Zum Glück gibt es jetzt die Neuauflage und ich habe das Verspielte, einfach übertragen und Neues hinzugefügt.

Ich schreibe heute manchmal etwas erwachsener. Man könnte vermuten, dass es stimmt, dass das Leben einen Menschen formt.

Auch einen Pink-Thinker.

Ich finde das weiterhin spannend.

Neu sind unter anderem: der Pink-Thinker in Sachen Liebe und das Thema Trauer.

Trauer und positives Denken? Das soll passen?

Ich habe in den letzen sechs Jahren viel über das positive Denken in Trauerphasen gelernt oder besser gesagt, lernen müssen.

Nun fangen wir das Ganze noch einmal von vorne an:

Dieses Buch hat noch immer das Ziel, dich zu motivieren ein Besser-Denker, also ein Pink-Thinker sein zu wollen. Raus aus dem grauen Alltagstrott.

Rein in ein pralles, fröhliches Pink-Thinker-Leben.

Ich und inzwischen 15.000 Leser sind bekennende Pink-Thinker (die Dunkelziffer liegt wahrscheinlich höher) und das ist auch gut so!

Dieses Buch ist und bleibt stark auf deinen Alltag ausgerichtet.

Es geht nicht darum Weisheit zu vermitteln, sondern schnell wieder positiv gestimmt und motiviert zu sein.

Motivation to go, wie mir viele Rezensionen bestätigt haben.

Probiere es aus. Es funktioniert (fast) immer.

Nun auch hier noch einmal kurz eine Anmerkung in eigener Sache: Ich verwende durchgängig das DU als Ansprache.

Ich finde nach wie vor, das gehört sich unter Pink-Thinkern so.

Nun aber Anschnallen: es geht wieder los.

Willkommen auf der pinken Seite des Lebens.

Pink up your Life!!!

Die Pink-Thinker

„Pink-Thinker, wer oder was ist denn das?", wirst du dich fragen.

Jeder kennt den Ausspruch: „Think Pink!"

Davon abgeleitet, du ahnst es schon, ist der Name Pink-Thinker entstanden.

Für alle, die es ein bisschen positiver mögen.

Was aber macht einen echten Pink-Thinker aus?

Ein Pink-Thinker ist ein Mensch in beliebigem Alter, der einfach das Leben nimmt, wie es kommt.

Alles annimmt, was das wunderbare Leben zu bieten hat - und eben das Beste daraus macht.

Ein Pink-Thinker zeichnet sich, unter anderem, dadurch aus, dass er daran glaubt, dass jedes vermeintliche Unglück, jede missliche Lage, ein Geschenk bereithält.

Ein Pink-Thinker denkt einfach immer positiv.

Vielleicht sind Pink-Thinker auch einfach ein bisschen durchgeknallt aber glücklich - das kann ich dir versichern.

Fakt ist: Ein Pink-Thinker hat immer einen Parkplatz, öfter ein Lächeln im Gesicht und mindestens einmal mehr „Schwein" am Tag als andere Menschen.

Er ist einfach besser gelaunt, führt bessere Beziehungen, hat mehr Freude und sowieso mehr Spaß im Leben.

Übrigens habe ich von mehreren Pink-Thinkern gehört, dass sie im Schnitt mehr Geld für die kleinen Wünsche zwischendurch zur Verfügung haben und sich ihre Wünsche irgendwie schneller und selbstverständlicher erfüllen.

Es kann natürlich auch sein, dass es dem Pink-Thinker nur so vorkommt, weil er ja immer die Aufmerksamkeit auf das Positive lenkt.

Achtung!!!

Gleich vorweg: Wenn du gerne schlecht gelaunt bist, dann ist es besser, du liest hier nicht mehr weiter. Am Ende bist du garantiert gut drauf und entspannt.

Das möchte ich dir in diesem Fall doch nicht zumuten.

Hier kommen die Extraportion gute Laune, Schwung und positive Energie auf dich zu.

Solltest du also ein eingefleischter Miesepeter sein, dann gehe besser gleich in Deckung, denn so eine riesen Portion positive Gedanken (Energie) kann dir sogleich die schlechte Laune verderben.

Ach ja, noch eine kleine Warnung vor den Glücksmomenten: Man traut den kleinen Biestern gar nicht zu, dass sie so eine Kraft haben und dir gleich den ganzen Tag versüßen.

Das Schlimmste an den hinterlistigen Glücksmomenten ist, dass sie sich auch schon in dein Leben eingeschlichen haben. Ich wette mit dir, dass sich in jedem deiner negativen Ereignisse mindestens ein Glücksmoment versteckt hat.

Diese Parasiten sind schlimmer als PC-Viren.

Ach was sage ich? Man kann sich gar nicht dauerhaft gegen sie wehren.

Wie gesagt, klapp das Buch besser gleich zu, wenn du deine negativen Gedanken nicht verlieren willst, denn, noch was ist, am positiven Denken sehr gefährlich:

Ist man einmal infiziert, gibt es kein zurück. Man erkennt sofort die kleinsten Glücksmomente und positiven Aspekte und wird diese schreckliche Lebensfreude nie mehr los.

Versprochen!!!

Woran erkennt man einen Pink-Thinker?

1.

Pink-Thinker haben weniger Kummerfalten, dafür ausgeprägte Lachlinien (bei Pink-Thinkern heißen Falten „Linien", weil das Wort „Falten" oft negativ belegt ist).

2.

Ein Pink-Thinker freut sich über die Erfolge eines Anderen, anstatt über sie herzuziehen. Ein Pink-Thinker kennt keinen Neid.

3.

Ein weiblicher Pink-Thinker weiß: Sie könnte mit Brad Pitt zu Abend essen, wenn sie wirklich wollte und sie nicht so beschäftig wäre.

4.

Ein männlicher Pink-Thinker weiß: Er könnte mit Pamela Anderson eine eheähnliche Beziehung führen, wenn ihn nur nicht so stören würde, dass sie Millionen für Klamotten ausgibt.

5.

Ein Pink-Thinker jubelt, wenn er den Bus verpasst hat oder im Stau steht. Endlich hat er nun mal dreißig Minuten Zeit zum positiven Denken.

6.

Ein Pink-Thinker hat meistens eine harmonischere Beziehung, denn positives Denken ist unverzichtbar in Beziehungen.

7.

Ein Pink-Thinker macht das Beste aus jeder Situation, auch wenn es manchmal knüppeldick kommt.

8.

Ein Pink-Thinker kennt den Lawineneffekt des Lebens und weiß, wenn es einmal hakt, wie er die Dinge wieder ans Laufen bekommt.

9.

Pink-Thinker zeichnen sich durch unbändige Lebensfreude aus.

Sie sind keine besseren Menschen.

Sie haben nur einfach bessere Laune.

10.

Pink-Thinker fallen im Leben auch mal hin.

Auch sie müssen mit Rückschlägen und Niederlagen klarkommen aber sie stehen nach einer Weile wieder auf und können gestärkt ein neues Kapitel ihres Lebensbuches aufschlagen.

Herr Grießgram

Es gibt jemanden, der dem Pink-Thinker ganz schön das Leben schwer machen kann.

Es ist Herr Grießgram.

Er ist verantwortlich für deine schlechte Laune und deine negativen Gedanken.

Man nennt ihn auch den Verstand oder das Verhaltensmuster.

Ein kleines Geheimnis vertraue ich dir an.

In seiner Paraderolle ist er auch die Angst.

Oh, wie schön schrecklich er es findet, sich zu verkleiden, dir einen tollen Plan zu vermiesen oder dir den Tag, zu versauen.

Er macht dir glauben, du seiest zu nichts imstande und meistens glaubst du ihm auch noch.

Er gibt dir ein, dass etwas schief gehen MUSS, wenn du deinem Bauchgefühl folgst und nicht seinem ekelhaften Denken.

Alles, was ihn auszeichnet, ist, dass er ziemlich verfressen ist.

Er nimmt so ziemlich alles zu sich, was dir so im Laufe deines Lebens unter die Nase oder vors Auge und somit ins Gehirn gekommen ist.

Das Schlimmste daran ist, dass er nicht aussortiert.

Er frisst einfach alles.

Mit Vorliebe vorgekaute Meinungen und verdrehte Fakten.

Was dein Bauchgefühl dazu sagt, ist ihm völlig schnuppe.

Am liebsten schlägt er sich den Bauch voll mit Vorwürfen und Einschränkungen.

All dieses Futter hat ihn stark gemacht. So stark, dass du manchmal nicht gegen ihn ankommst und dich einfach seiner Meinung hingibst.

(Und du dann eventuell die Pink-Thinker Autorin anschreibst und ihr mitteilst, dass sie dir jetzt das positive Denken für immer versaut hat, weil man nämlich Grießgram NICHT mit „ß" schreibt, sondern mit s. Weil: der Grießgram ja nichts mit Grießpudding zu tun hat und weil du jetzt auch für immer Grießpudding hassen muss, weil du den Herrn Grießgram mit Grießpudding in Verbindung bringst. JA!!! Diese Zuschrift gab es, unglaublicherweise wirklich.)

Du glaubst ihm weil: Er ist ja schließlich dein wohlernährter Verstand, den du seit Jahren mit dir herumschleppst, um dir von ihm die Laune verderben zu lassen.

Ok, manchmal hat er ja recht, aber meist da, wo dein Bauchgefühl dir schon lange vorher ein „Stopp" geschickt hat.

Dieses Bauchgefühl gilt es, zu stärken.

Du kannst Herrn Grießgram nicht vergraulen oder vernichten, aber du kannst ihn zwingen, ein gleichberechtigter Partner deines Bauchgefühls zu werden.

Sei vorsichtig.

Herr Grießgram hat eine laute Stimme, er versucht sofort alles Mies zu machen.

Ich habe im Gästebuch auf meiner Homepage sogar Einträge, dass das mit dem positiven Denken einfach totaler Schwachsinn sei und ich aufhören sollte die Leute zu veräppeln mit dem Pink und positiv Seelenquatsch.

Ich glaube, du wirst an Punkte in diesem Buch kommen, wo es dir ähnlich geht.

Sag dann dem alten Sturkopf er, soll abhauen, sich verkrümeln und einfach endlich die Klappe halten.

Freue dich an den schönen Dingen des Lebens und sorge so dafür, dass Hr. Grießgram und dein Bauchgefühl Hand in Hand gehen können.

Dein Leben wird größer, reicher, fröhlicher und einfacher sein.

Übrigens habe ich das Buch so angelegt, dass du es kreuz und quer lesen kannst. Damit dürfte es dir leichter fallen, Herrn Grießgram auszutricksen.

Er ist nämlich nur eingefahrene Muster gewohnt, alles Andere macht ihm zu schaffen und setzt ihn kurzzeitig außer Gefecht.

Außerdem kannst du es dir immer wieder zur Hand nehmen, um noch mal etwas zu lesen und noch mal und noch mal.

Wollen wir doch mal sehen, ob wir den alten Meckerfritzen nicht ein bisschen besänftigen können.

<u>Du bist ein Glückspilz</u>

Jeder kann ein Glückspilz sein ...

Glaubst du nicht?

Stimmt aber ...

Ich habe es selbst ausprobiert ...

Ok, ich gebe zu. Es ist manchmal irgendwie schwierig, obwohl es eigentlich total einfach ist.

Man muss eigentlich gar nichts machen - außer positiv zu denken und sich des Lebens anzunehmen und zu erfreuen. Das scheitert bei mir dann schon mal daran, dass ich mal wieder nicht in die kleinere Kleidergröße passe oder ähnliche Katastrophen.

Von Kindesbeinen an haben wir gelernt, dass immer nur andere Glück haben und wir immer die A-Karten ziehen usw. (Das war, als unser Herr Grießgram programmiert wurde).

Stimmt nicht!

Wenn wir natürlich davon ausgehen immer die Dummen zu sein, werden wir es sein.

Es geschieht immer das, wovon du ausgehst, dass es geschieht.

Es geschieht so, wie du denkst, dass es so oder so geschieht.

Sprich - worauf du deine Aufmerksamkeit (deine Energie) lenkst, wird wachsen, weil es schön ernährt wird, von deiner tollen nahrhaften Energie.

Ja, richtig gelesen! Deine Gedanken werden sich manifestieren in der realen Welt.

Sprichst du diese Gedanken auch noch aus, beschleunigst du die ganze Sache rapide und hast du nun auch noch tolle bunte Bilder im Kopf, hast du sogleich ein "Ding" erschaffen.

Das funktioniert vorwärts und rückwärts.

Denkst du etwas Schönes, von dem du fest überzeugt bist, dass es so ist und nicht anders (gepaart mit Wort und Bild), könnte es schon einen Lottogewinn ergeben.

Oder anders herum: Denkst du etwas total Schreckliches über etwas und sagst es auch noch und stellst es dir bildlich vor (wenn du damit Probleme hast, wende Dich doch an Herrn Grießgram).

Also, du stellst dir bildlich vor, wie alles schief läuft und schrecklich ist - freue dich auf deinen realen Albtraum.

Was also tun?

Ich schlage vor, ein Pink-Thinker zu werden und nur noch positiv zu denken.

Das funktioniert immer dann, wenn du entspannt und gelassen bist.

Damit DU das auch bist, ist es gut dieses Buch zu lesen ;-)))

Gut, in der Theorie hört sich alles klasse an, in der Praxis liegt die Sache schon etwas anders.

Aber es geht - man muss es nur wollen!

Denn das, was du willst, kommt auch, früher oder später!

Na ja, der liebe Herr Grießgram (Verstand oder altes Verhaltensmuster) wohnt auch in mir.

Manchmal trickse ich ihn einfach aus, entspanne mich fünf Minuten und denke dann nach, und zwar positiv. Natürlich ist es anstrengend gegen Herrn Grießgram anzutreten. Der ist nämlich ziemlich hartnäckig. Also fasste ich den Plan, ihn einfach auf meine Seite zu ziehen.

Irgendwann wird er sich auf meine und auch auf deine Seite schlagen und ich habe schon viele Erfolgserlebnisse gehabt.

Und dann, wenn du ihn ganz auf deiner Seite hast, dann bist du ein Glückspilz, denn es kann nichts Negatives mehr geschehen, weil: alles, was sich dir negativ zeigt, ein Geschenk enthält.

Ja, jedes Problem ist ein verkleidetes Geschenk für dich.

Jedes Problem hat die Lösung gleich mitgebracht, aber Grießgram hat die universellen Gesetze, leider noch nicht so richtig kapiert.

Nur du kannst dem, oft völlig fehl programmierten, Grießgram ein neues Programm einspielen.

Also fang an und hau dem alten Grießgram mal so richtig die Gute-Laune-Gedanken um die Ohren.

Hippie-Style oder: ab in die innere Mitte

Jetzt ist sie völlig ausgeflippt, wirst du sicher denken. (Das ist nur dein Herr Grießgram, der wieder dazwischen plappert.)

Nun will sie mich auch noch zum Hippie umfunktionieren?

Nein, keine Sorge.

Ich habe nur eine lustige Weise, neben dem positiven Denken gefunden, wie ich mich in rasender Geschwindigkeit in meine innere Mitte bugsieren kann.

Denken passiert ja im Allgemeinen mit dem Kopf. Wir wollen positiv denken, damit wir besser unserem Bauchgefühl folgen können, weil dann Herr Grießgram mal endlich die Klappe hält.

Soweit so gut. Trotzdem habe ich in den letzten Jahren ganz oft Anfragen bekommen, wie das denn mit der inneren Mitte so ist. Wie finde ich sie? Wie komme ich dahin?

Also: In deiner inneren Mitte bist du, wenn du ganz bei dir bist. Mit dir soweit wie möglich im Reinen.

Mit dir und dem was du hast zufrieden bist.

Du bist bei dir, im Hier und Jetzt.

Ganz egal was du noch alles erledigen müsstest oder ob du dies oder das immer noch nicht in deinem Besitz hast.

Es macht nichts, wenn es in einem Bereich deines Lebens, zum Beispiel in der Partnerschaft nicht so gut läuft.

In der inneren Mitte ist das ok. Alles ist gut so, wie es grade ist.

In der inneren Mitte zu sein, hat viele Vorteile.

Deine Augen strahlen.

Du siehst einfach besser aus.

Du bist nicht gereizt, schüttest weniger Stresshormone aus und dein Herr Grießgram ist erstaunlich kleinlaut.

Wie beim Verliebtsein.

In der inneren Mitte bist du eben verliebt, in dein eigenes Leben.

Das sollten wir uns genauer ansehen, dachte ich mir und habe darüber positiv nachgedacht.

Das ist dabei herausgekommen:

Ich nenne es den Hippie-Style, weil es mich an diesen Flow und das entspannte Treiben lassen, der Hippies erinnert.

Ich habe herausgefunden, je besser ich das, mit dem Treiben lassen hinbekomme, desto schneller gelingt es mir. Man hat sozusagen den ganzen Tag, auch im dicksten Stress, so ein klitzekleines Urlaubsgefühl.

Natürlich gibt es Umstände, die tragen nun nicht grade dazu bei, uns in die innere Mitte zu befördern. Zum Beispiel mieses Wetter. Mein Seelenwetter liegt so bei Sonne mit leichtem Wind, trockene 29 Grad. Perfekt.

Seelenwetter?

Ja, ich glaube, dass es für Seelen Umstände, Orte und Begebenheiten gibt, die optimaler sind als andere und einem dabei helfen, eher in die innere Mitte zu kommen.

Allerdings kann es sein, dass sich diese Orte und Begebenheiten im Laufe der Jahre verändern.

Was im Alter von 20 Jahren für dich und deine Seele passt, muss im Alter von 50 nicht mehr unbedingt passen.

Der Trick ist, herauszufinden, was grade jetzt im Moment gut für dich ist. Das kann man nicht im Kopf entscheiden oder durch (positives) Denken herausfinden.

Das kann man nur erspüren und nachfühlen.

Dieses Nachfühlen und den Impulsen folgen ist:

Ein Glücklich-mach-Trick.

Weil:

Wenn du beginnst nachzuspüren, was sich gut anfühlt, dann verändert sich einfach alles.

Du wirst nicht mehr dasselbe frühstücken, nicht so schnell in Hektik geraten. Dich nicht über deinen Kollegen ärgern, weil er wieder alles in Slow-Motion macht.

Du wirst dich entkrampfen, entspannen und viel mehr lachen.
In dir wird es heller, fröhlicher und leichter.
Wahrscheinlich wirst du merken, dass du dich oft nach Stille sehnst.

Dann geh raus, setz dich ins Gras oder was sich sonst grade gut anfühlt, werde still und lass alles auf dich wirken.

Wenn deine Gedanken ruhig werden, dann wird endlich deine Seele durchdringen können und deine Herzenswünsche nach oben befördern.

Meist sind das keine großen Dinge und meist ist es nichts, was du im Außen wirklich findest.

Wenn du einmal angefangen hast, in dich hinein zu hören und in den ICH-Modus zu kommen, dann wirst du merken:

Es ist zwar wunderbar, mit einem anderen Menschen seine und deine Hippiemomente zu teilen aber es muss nicht sein, denn das Glück ist in diesem Moment auch ganz für dich und mit dir alleine,da.

Das ist ein Date mit dir und dem Leben.

Negative Dinge können und werden nach wie vor passieren, klar.
Sie können dich traurig machen aber nicht mehr verkrampfen.
Du fühlst dich dann einfach in das Gefühl hinein und verwertest es sozusagen.

Ich erkläre es meinen Klienten oft mit einem Bild.

Da ist ein Fließband und dort liegen die „Dinge" drauf, die in dein Leben gefahren kommen. Auch die doofen „Dinge".
Bei jedem „Ding" kannst du entscheiden, was du damit machen willst:

Nehme ich es an?

Wenn ja, was mache ich damit? Kann ich eventuell damit leben, es einfach vorbeifahren zu lassen?

Manche „Dinge" kannst du vielleicht nach hinten anstellen und sie später wieder vorbeifahren lassen.

Versuche es mal und stell dir eine Kritik oder ein Problem einfach als „Ding" auf dem Fließband vor.

Wenn du deine Entscheidung getroffen hast, dann entscheide, was du mit dem „Ding" nun machen möchtest.

Ist es ein Anfall von Rührung? Meine persönliche Lieblingswahl in letzter Zeit: Schleusen auf, raus damit. Im Musical „Hinterm Horizont" habe ich einen Mann neben mir gleich mit angesteckt.

Ist es Lust auf

„Blättersammeln", dann würde ich sagen:

„So schnell wie möglich ab mit dir in den Park."

Worauf hast du Hunger. Wonach steht dir der Sinn?

Es gibt Tage, da brauche ich zum Frühstück eine Grillwurst und kurz vor Mitternacht ein Stück Schokokuchen. Das macht nichts, denn ich esse nur noch dann, wenn ich wirklich Hunger habe und das, was ich wirklich will.

Meistens will mein Körper: Gemüse, Obst und mein absoluter Favorit derzeit: Evian mit frischer Minze.

Ich habe abgenommen, aber auch weil ich andauernd tanzen gehen will. Meine Figur scheint sich meinem Hippiestyle anzupassen.

Ja, es ist wahr: Du wirst dank Herrn Grießgrams Fleißarbeit und anderer Gemeinheiten, ganz oft aus deinem Modus wieder raus gezerrt und weggeschleudert aber das macht gar nichts, denn die Lösung liegt nah:

Bei erster Gelegenheit wieder still werden, nachspüren und dich fragen: Was brauche ich jetzt? Was liegt auf meinem Fließband?

Oh ja ich weiß, was ich jetzt für Zuschriften bekomme:

„Ja? Dann setz dich mal in mein Büro."

„Bei meinen Nachbarn? Die machen so einen Krach."

„Ich arbeite nur. Keine Zeit, das zu machen, was ich will."

„Ich habe 5 Kinder, da fragt keiner, was ich will."

Ok, das kenne ich. Ich habe ja auch nicht nur Urlaub. Und doch fragt einer, was du willst, nämlich du dich selbst.

Und wenn du grade keine Zeit hast, dann eben später.

Versuche es einfach, wann immer du kannst.
Das reicht für den Anfang schon.
Danach kommt es immer schneller und in kürzeren Abständen.

Inzwischen hat mich dieser Hippie-Modus richtig durchzogen, wie der Kaffee die untere Schicht, vom Tiramisu.

Es hat klein angefangen, jetzt geht es immer weiter.

Meine Kleidung hat sich verändert. Ich zwänge mich nicht mehr in Schuhe, die mir nicht erlauben, mich in dem Tempo zu bewegen, in dem ich mich bewegen möchte.

Es gibt aber Schuhe, die sind so hoch, dass sie mich genau in die Höhe bringen, wo ich Tanzen wunderbar finde.

Meine Schuhe sind ohne Frage bunter geworden, meine anderen Klamotten auch.

Das wird sich wieder ändern. Eine Zeit lang liebte ich schwarz und da war ich keinesfalls in Trauer.

Alles ist gut so, wie es im Moment ist und was dich davon abhält, lässt du einfach auf dem Fließband noch eine Runde fahren.

Ab in die innere Mitte ;-)

Wunder geschehen, und zwar im Lawineneffekt

In der ersten Auflage, habe ich geschrieben das Wünschen hilft. Heute weiß ich, das alles ist weder Zauberwerk noch sonst irgendwas. Es kommt wirklich nur auf deine Gedanken an und das, was du aussendest.

Deine Gedanken werden Worte. Deine Worte werden Taten und das, was du tust, wird dein Leben verändern.

Dies ist kein Wunder, dies ist eine logische Reaktion.

Wie ich auch schon damals in diesem Kapitel schrieb, leben wir in einem reagierenden Universum. Es reagiert auf das, was wir aussenden.

In Form eines Liedes mit passendem Text, vielleicht steht der Weg zu deinem Wunder ja in diesem Buch.

Auf jeden Fall solltest du, wenn du einen Wunsch geäußert hast, alles genau beachten, was deine Aufmerksamkeit erregt.

Vielleicht ist es ja ein Hinweis, wie du deinen Wunsch selbst erfüllen kannst.

Du kannst dir wünschen, was du willst, wenn du in deinem Denkmuster verankerst, dass die Erfüllung deines Wunsches zu deinem Leben gehört.

Ich glaube, dass man einfach zu allem in der Lage ist, solange man es sich selbst erlaubt und die Grenzen des Denkens aufhebt. Dazu ist man als Pink-Thinker natürlich prädestiniert.

Außerdem habe ich zum Thema Wünschen eine erstaunliche Entdeckung gemacht.

Es kam mir auf einmal in den Sinn, dass der Wunsch womöglich gar nicht am Anfang einer Sache steht, sondern nur ein Symptom ist für all das, was für mich oder dich, oder wen auch immer, möglich wäre.

Verstehst du, was ich damit sagen will?

Sollte es also so sein, dass ich mir eine Karriere als Buchautorin wünsche, war vielleicht gar nicht der Wunsch der erste Schritt. Sondern nur der erste Hinweis meines Unterbewusstseins an mein Bewusstsein, dass es für mich möglich wäre?

Oder, wenn wir an Schicksal glauben wollen, dann ist der Wunsch vielleicht ein Hinweis, dass diese Sache jetzt in deinem Lebensbuch steht und bearbeitet werden soll?

Das Unterbewusstsein hat ein schlaues Mittel gewählt, um bei dir anzuklingeln: einen Wunsch!

Jetzt beginnt der Lawineneffekt.

Du registrierst, dass du etwas möchtest, dir etwas wünschst.

Das muss ja nicht gleich immer eine ganze Karriere sein. Nun bekommst du einen Impuls.

Du solltest jetzt auf jeden Fall aufmerksam werden und der Sache einen Schubs geben.

Denn so wie ich das Schicksal kennengelernt habe, hat es sich noch nie mit nur einem Impuls zufriedengegeben.

Eine Lawine wäre ja keine Lawine, wenn sie nicht alles Aufsammeln würde, was ihr im Wege liegt.

Heißt, der Impuls ist nur ein einziges kleines Mosaiksteinchen eines großen, bunten Bildes.

Folge deinem Impuls.

Mach es einfach!

Beschäftige dich nicht mit Gedanken, wofür das Ganze wohl gut sein könnte. Das ist unerheblich. Geh einfach deinem „Flow" nach.

Erklärungen an dein Unterbewusstsein, warum gerade du es nun besonders schwer hast oder warum das grade bei dir alles nicht geht, kannst du dir absolut sparen- bzw. besser verkneifen.

Das ist nur der blöde Herr Grießgram, der keine Veränderungen mag und damit sind wir der Lawine auch schon auf der Spur.

Spar dir Jammerarien und Selbstsabotagen.

Da ich aber davon ausgehe, dass die Erfüllung deines Wunsches bereits in Bearbeitung ist, denn sonst hättest du vom Wunsch ja noch gar nichts mitbekommen, schaffen es auch die Pessimisten!

Mit selbstsabotierenden Selbstgesprächen würdest du dich ja selbst nicht für voll nehmen, und dein Unterbewusstsein denkt, du willst es verkohlen - das wäre allerdings mal wieder das kleinere Übel.

Denn in Wirklichkeit wird sich sofort Herr Grießgram einschalten, das alte muffelige Wachbewusstsein, dein Verstand, der alle negativen Erfahrungen die du in diesem Leben bereits gemacht hast, gespeichert hat.

Er wird beginnen dich davon zu überzeugen, dass du eh einen Mangel erleben wirst. Weil es ja schon hundertmal so war.

Er wird dir einreden, dass du ein Spinner bist.

Ganz im Sinne deiner Neider, und wird dir diese dusselige Idee mit der Buchkarriere schnell ausreden.

Schnell Pink-Thinker werden und umdenken, denn: Mangeldenken erzeugt nun mal Mangel.

Wo Erfolg ist, kommt noch mehr Erfolg hin.

Wo Liebe ist, kommt noch mehr Liebe hin.

Das Geld kommt zu den Reichen, sagt man. Ja stimmt - denn wer Geld hat, der hat kein Mangeldenken in finanziellen Belangen.

Der lebt einfach so vor sich hin und schmeißt mit Geld um sich und das signalisiert: „Ich habe genug und ich liebe es".

Dein Denken manifestiert sich im Hier und Jetzt.

Ein Mangel manifestiert sich als Mangel. Denkst du vermehrt daran, dass du wartest, dann wird sich das Warten in dein Leben schleichen.

Denkst du, dass du ein Glückspilz bist, wirst du ein Glückspilz sein.

Herr Grießgram wird die Klappe halten, denn er wird denken: „Hm, scheinbar ist sie/er festentschlossen. Wenn es sogar so weit geht, kleine Impulse wahrzunehmen. Also, sage ich nichts mehr aber nicht hinterher heulen kommen, wenn es nicht geklappt hat."

Das ist der eigentliche Sinn, den du verfolgst. Den Impulsen zu folgen.

Frag dich nicht, was es bringen soll.

Folge einfach deinen Impulsen und Wünschen.

Es ist oft so, dass der augenscheinliche Sinn der Sache, gar nicht der Sinn der Sache war. Es ist alles möglich.

Selbst wenn du „nur" Spaß hattest. Es ist eine Erfahrung, die du vielleicht noch vor deinem großen Ziel brauchtest.

Eins ist sicher: Kommt die Lawine ins Rollen, ist sie nicht mehr zu stoppen. Manchmal braucht sie auch zwei oder drei Schubser.

Ist sie aber ins Rollen gekommen, wird sich dein Leben verändern.

In einigen Jahren wird sich deine Geschichte vielleicht so anhören: Dann ging ich wandern. Dort traf ich Xyz. Der stellte mir Xyz vor. Ohne ihn wäre ich nie an dieses Event gekommen und da hatte ich meinen Durchbruch, habe ich meinen Traummann/zukünftigen Chef kennengelernt.

Dort fing das Leben, das ich heute führe an.

Das alles ist austauschbar. Es muss dir nicht der Sinn nach Wandern stehen. Eislaufen. Kaffee trinken, Rumsitzen tut es auch.

Es muss nicht die Buchkarriere sein, nach der du strebst.

Deine Wünsche wissen es besser als du und ich.

Hör ihnen zu und dazu ist es förderlich, ein Pink-Thinker zu sein. Ein Pink-Thinker ist von Natur aus nun mal neugierig auf das Leben.

Pink-Thinker werden, bedeutet Glückspilz zu sein!

Der Geben-Trick

Immer dann, wenn du etwas von Herzen gibst, dann wirst du es vervielfacht zurück erhalten. Das ist einfach ein universelles Gesetz und ein Pink-Thinker orientiert sich nun mal an den universellen Gesetzen.

Wenn du also Geld in dein Leben ziehen möchtest, dann gebe Geld.

Wenn du Liebe in deinem Leben haben möchtest, dann schenke Liebe.

Das funktioniert im Allgemeinen mit Allem.

Was du möchtest, solltest du von Herzen geben und dann wirst du es unweigerlich erhalten.

Du signalisierst dem Universum eben, dass du genug hast und das Universum wird einfach nachliefern.

So einfach ist das.

Ich habe doch versprochen, dass es ganz einfach ist, ein Pink-Thinker zu sein. Solange man sich an einige kleine Regeln hält.

Herr Grießgram wird es schon gar nicht verstehen, wenn du einem Bettler Geld gibst, ohne zu wissen, wie du deine Rechnungen bezahlen sollst.

Also, beste Voraussetzungen für einen Erfolg.

Denn was Herr Grießgram nicht versteht, kann er auch nicht blocken.

Wichtig ist bei diesem Trick, dass du wirklich von ganzem Herzen gibst, nur dann wird er funktionieren.

Weil es so schön war, stelle ich dir jetzt noch einen Trick vor.

Aufgepasst!!!

Der Wegstecktrick

Ich möchte noch mal auf das Beispiel mit dem Anruf zurückkommen.

Wenn du auf etwas wartest, wird das Warten in dein Leben treten, weil du deine Aufmerksamkeit auf das Warten richtest.

Es ist natürlich nicht einfach, wenn man dringend etwas erreichen möchte. Also habe ich herausgefunden, dass dieser Wegstecktrick sehr gut funktioniert.

Ich wartete einmal auf einen wichtigen Anruf von meiner Firma.

Natürlich rief keiner an, weil ich ja fixiert war, auf das Warten.

Ich hypnotisierte förmlich das Telefon, bis es mir reichte und ich die Spannung nicht mehr aushielt. Also warf ich ein Kissen auf mein Telefon und mein Handy steckte ich tief, auf lautlos

geschaltet, in meine Handtasche. Wer die Handtasche einer Frau kennt oder vielleicht selbst eine Frau ist und eine Handtasche besitzt, weiß, wie tief das Handy in der Tasche steckte.

Dann ging ich eine Stunde spazieren.

Auf meinem Spaziergang meldete sich Herr Grießgram zu Wort:

„Willst du deinen Job verlieren? Warum sitzt du nicht zu Hause am Telefon?"

Ich habe ihm befohlen, die Klappe zu halten.

Als ich wieder kam, waren gleich drei Anrufe meiner Firma auf dem Anrufbeantworter.

Ich habe zurückgerufen und es ist mir nichts entgangen.

Also wenn du das nächste Mal auf einen Anruf wartest, versuche den Wegstecktrick.

Er funktioniert!

Das bringt mich gleich zu einem wichtigen Punkt des Pink-Thinker Daseins ...

Aufmerksamkeit

Es wird tatsächlich das wachsen, worauf du deine Aufmerksamkeit lenkst. Zuerst passiert es nur in der eigenen Wahrnehmung und später manifestiert sich das Ganze in der Realität.

Auch so ein universelles Gesetz.

Oft fällt es uns leichter, negativen Dingen Aufmerksamkeit zu schenken und sie damit in unserer Wahrnehmung und später auch in der Realität wachsen zu lassen. Jeder Gedanke manifestiert sich nun mal in der Realität, weshalb das positive Denken ja überhaupt so wichtig wird.

Ich habe noch nie jemanden erlebt, der sich stundenlang oder auch noch am dreizehnten Tag über schönes Wetter amüsiert hat und ihm damit Aufmerksamkeit schenkte.

Ich höre immer nur: „Ach schon wieder so ein Mistwetter". Schon hat unser Herr Grießgram mal wieder Oberwasser und du miese Laune.

Ein Beispiel: Konzentriere dich ruhig mal einen Tag auf jedes kleine Juckerchen an deinem Körper. Erst spürst du es nur stellenweise. Je länger du dich auf das Jucken konzentrierst, desto mehr wird es jucken, bis letztendlich dein ganzer Körper juckt, als hätte dir einer heimlich Juckpulver in die Klamotten gekippt.

Das ist das Gesetz der Aufmerksamkeit.

Ein Pink-Thinker weiß:

Deine Aufmerksamkeit ist der Nährboden für alles, was wachsen soll, deshalb beginne endlich damit, den tollen Sachen deines Lebens Beachtung zu schenken.

„Tolles Wetter, heute".

„Mensch ich sehe heute wieder richtig gut aus".

Pick dir einfach die positiven Dinge aus deinem Leben und lass sie wachsen, indem du ihnen nur eins gibst: Aufmerksamkeit.

Worauf du deine Aufmerksamkeit richtest, wird unweigerlich wachsen.

Auch die negativen Dinge. Nimm Negatives in deinem Leben zur Kenntnis, denn es gehört dazu. Aber bausche es nicht auf und verschenke sinnlos deine Energie.

Lenke deinen Blick sofort auf den positiven Aspekt der Sache, denn der muss irgendwo dahinter versteckt sein.

Kein Problem kommt ohne eine Lösung. Wo es das Problem gibt, ist die Lösung nicht weit. Denke nach, suche nach der Lösung, richte deine Aufmerksamkeit, also deine Energie, auf das Weiterkommen und die Lösung.

Herr Grießgram ist ständig bemüht, deine Aufmerksamkeit auf eben diese, negativ empfundenen Dinge zu lenken, denn er hat es nicht anders zu fressen bekommen.

Nun ist es an dir, Herrn Grießgram mal kräftig in den Hintern zu treten und ihm zu sagen:

„Verschwinde, ich will die Lösung sehen".

Er wird weichen müssen, denn du tust etwas, was du sonst nicht getan hast: Du richtest deine Aufmerksamkeit auf die Lösung anstatt auf das Problem.

Du wirst sehen, wie viel Kraft dir dieses Umdenken bescheren wird. Am Anfang deines Pink-Thinker Daseins wird es dir noch schwerfallen.

Herr Grießgram wird auch das ein oder andere Mal gewinnen, aber je öfter du dich entspannst und dich auf dein Leben positiv einlässt, desto weniger wird der alte Nörgler zu melden haben.

Deine Aufmerksamkeit ist der Dünger, der die Blumen in deinem Leben wachsen lässt.

Die Glücksmomente

Hier kommt etwas, was zu einem Pink-Thinker gehört wie die schlechte Laune zum Herrn Grießgram. Jeder Pink-Thinker ist mit ihnen infiziert und unheilbar trägt er sie mit sich.

Die Glücksmomente.

Glücksmomente sind die Sahnehäubchen in deinem Leben.

Das sind die Momente und Situationen, auf die du nach Herzenslust deine Aufmerksamkeit richten darfst.

Sie sorgen dafür, dass sich dein Leben anfühlt wie eine bunte Blumenwiese oder wie ein Kaufhaus im Schlussverkauf.

Die Glücksmomente sind für mich ein wichtiges Werkzeug zum positiven Denken, denn sie vermitteln mir - und wenn du sie beachtest auch dir - ein wunderbares, positives Lebensgefühl.

Ich gehe sogar soweit zu sagen, dass in fast jedem Moment ein Glücksmoment versteckt ist.

Wo Schatten ist, muss auch irgendwo ein Lichtstrahl sein. Ohne diesen könnte der Schatten ja nicht entstehen. Mach dich auf die Suche nach deinen Glücksmomenten.

Dieses Spiel mit den kleinen, frechen Glücksmomenten kann richtig süchtig machen. Sie sind wie ein Virus, der dich befällt und du kannst irgendwann gar nicht mehr anders, als sie zu bemerken, dich über sie zu freuen und am Ende wirst du versuchen, einfach welche zu erschaffen.

Meistens kommt man gar nicht mehr zum Erschaffen, weil sie dir unablässig entgegenpurzeln. Deshalb habe ich mich entschieden, anhand einer Liste dir einige erlebte Glücksmomente in diesem Buch entgegenpurzeln zu lassen.

Sie tauchen einfach irgendwo auf und purzeln dir und dem gehässigen Herrn Grießgram vor die Augen. Lies dir einfach die Glücksmomente durch und stell dir für einige Sekunden die beschriebene Situation vor.

Du wirst merken, wie du dich in den paar Sekunden nachhaltig entspannst und Lust auf mehr bekommst.

Dann bist du auch fast schon infiziert mit dem Glücksmoment-Virus, kurz GMV genannt.

Einmal richtig erfüllt vom GMV wirst du erleben, wie viel positives Denken in deinem Leben anrichten kann. Dich haut nichts mehr um, denn du schaffst es dein Leben so zu sehen, wie es ist: voller bunter Überraschungen.

Ich höre dich schon sagen:

„Na klar, also ich habe davon noch nix bemerkt".

Ist dein Herr Grießgram grade ziemlich übermächtig?

Für alle Zweifler möchte ich den ultimativen Beweis antreten und jetzt kommt was ganz Tolles.

Aufgepasst.

Lasse dich mit mir auf folgendes Experiment ein.

Kaufe dir ein wunderschönes Notizbuch - am besten eins in Pink! Aber auf jeden Fall eins, was du richtig toll findest.

Du kannst auch ein Tagebuch verwenden, denn du wirst jeden Tag etwas in dein Buch hineinschreiben. Wichtig ist, dass du in dieses Buch nichts anderes schreibst.

Nun setzt du dich an jedem Abend vor dem Schlafengehen an dein Buch und schreibst mindestens drei Glücksmomente des Tages in dein Glücksbuch. Du musst drei rein schreiben - jeden Tag. Selbst wenn du dich den ganzen Tag unter der Bettdecke verkrochen hast, wird es drei Glücksmomente an diesem Tag gegeben haben.

Drei Momente, die dich richtig gefreut haben.

Wenn dir mehr als drei Glücksmomente einfallen, dann schreibe sie alle auf - ist doch klar.

Mach dies kontinuierlich jeden Tag und ich verspreche dir: Dein Buch wird schneller voll sein, als du dachtest. Dies ist der Beweis, dass es auch in deinem Leben mehr als genug Glücksmomente gibt.

Dein persönliches Glücksbuch kannst du dir immer zur Hand nehmen, wenn es dir mal schlecht geht und einfach ein bisschen darin lesen. Ich garantiere dir, es munter dich auf.

Nun noch ein Geheimtipp:

Ungemein wirkungsvoll ist es, wenn man einfach noch einen Glücksmoment hinzuschummelt. Der gar nicht passiert ist, den du aber gerne erlebt hättest.

Was man denkt, wird Realität und was man zuerst denkt und dann noch aufschreibt, erst recht.

Verstanden?

Klappt immer!

Liste: Glücksmomente

Anhand dieser Liste möchte ich dir nur einige Beispiele für Glücksmomente im Leben nennen. Du kannst die Liste lesen und dir einige dieser Momente in Bild und Farbe vorstellen. Erweitere meine Liste bitte kontinuierlich mit deinen Glücksmomenten.

Viel Spaß dabei.

- Ein Vollbad, mit ganz viel Schaum

- Einen kitschigen Liebesfilm ansehen und ins Taschentuch schniefen. Vielleicht erkennst du anhand deiner Rührung, was dir grade in deinem Leben fehlt und kannst beginnen es anhand von Pink-Thinker Gedanken in deinem Leben zu erschaffen.

- Ein kühles Glas Wasser an einem heißen Sommertag

- Einen Tag, mit der ganzen Familie verbringen zu können: Oma,

Opa, Onkeln und Tanten. Man sieht sich doch so selten

- Einen heiß ersehnten Anruf erhalten

- Ein durchlachter Abend mit einer Freundin

- Eine unglaublich tolle Nacht, in einer unglaublich tollen Suite, in einem unglaublich tollen Luxushotel verbringen zu dürfen

- Ein Spiegelbild dass zufrieden lächelt

- Das erste Lächeln eines Babys

- Kleine, dich umschlingende Kinderärmchen

- Einen Regenbogen erblicken, der einem gleich nach dem Aufstehen durch das Fenster entgegen strahlt

- Dirty-Dancing wird wiederholt

- Jemand fragt dich um Rat

- Einen wunderbaren, interessanten Menschen kennenlernen

- Der erste warme Frühlingstag

- Ein stilles Gebet

- Freunde haben, die anrufen, um zu fragen, wie es geht

- Ein nettes Lächeln von Fremden

Das sind nur einige Beispiele meines Glücksmomente-Buches.

Meine Liste würde ein eigenes Buch füllen können.

Erweitere meine Liste! Erschaffe deine Eigene, denn auch du, kannst ein ganzes Buch voller Glücksmomente füllen.

Der trauernde Pink-Thinker

Gibt es Momente ohne einen Glücksmoment?

Als ich das erste Pink-Thinker Buch schrieb, war ich felsenfest davon überzeugt: In jedem Moment gibt es einen Glücksmoment. Ja, auch bei schlimmstem Liebeskummer.

Ja, auch in der schlimmsten Katastrophe.

Liebeskummer? Hatte ich zu genüge gehabt. Schwierigkeiten mit den Kindern, Todesfälle.

Ja, Ich war mir sicher:

In jedem dieser schlimmen Momente war ein Glücksmoment versteckt gewesen.

Bis zum 24.11.2010.

Der Tag, der der schlimmste meines Lebens werden sollte.

Wenn ein Tag ganz normal beginnt, harmlos, von winterlichen

Sonnenstrahlen angehaucht, ein friedliches Bausteinchen deines Lebens zu werden scheint.

Wie kann es dann sein, dass wenige Stunden später dein Leben einem Trümmerfeld gleicht?

Wie kann es sein, dass so ein ganz normaler Tag, von ganz vielen anderen Tagen, dich dazu bewegt all deine Glaubenssätze infrage zu stellen?

Am Ende dieses Tages – glaubte ich:

Das Glück hätte mich und meine Familie endgültig verlassen.

Ich glaubte, dass ich, die Optimisten-Queen, nun meinen Meister gefunden hatte und eines Besseren belehrt worden war.

Meine Welt war beim Aufstehen wundervoll und beim Zubettgehen ein Alptraum.

Seit diesem Tag gab es eine neue Zeitrechnung für mich.

Das Leben vor diesem Tag und das danach.

Ich weiß heute, dass es unglaublich viele Menschen auf der Welt gibt, die Ähnliches erlebt haben.

Ich weiß, dass ich euch heute nicht diese Zeilen schreiben würde, wenn ich nicht den größten aller Glücksmomente in meinen schwärzesten Stunden gefunden hätte.

Dieser schwarze Tag. Der nonexistente Tag, war der Tag, an dem mein Bruder, im Alter von 29 Jahren bei einem Brand ums Leben kam. Einfach so.

Kein Tschüss. Kein Abschied. Keine Erinnerungsstücke. Einfach so lag unsere Welt im wahrsten Sinne des Wortes in Schutt und Asche.

Wochenlang saß ich nur da.

Wie erstarrt.

Ich aß nicht.

Ich tat nichts.

Ich saß nur da.

Mein einziges Tagwerk: Meine Kinder zur Schule versorgen und das „Sitzen".

„Sitzen", das ist in unserer Familie so eine Tradition.

Wenn etwas Schönes passiert.

Wenn etwas Schreckliches passiert.

Wir treffen uns, bringen Essen mit und „Sitzen". Nach jedem Todesfall und nach jeder Hochzeit oder jeder anderen großen Feierlichkeit.

Wir sitzen dann so um einen Tisch herum und sagen meistens nichts, oder falls jemandem mal was einfällt, dann erzählt er was und wenn nicht, dann eben nicht.

Manchmal weint jemand, weil er in Gedanken an etwas Trauriges gekommen ist. Manchmal da lacht jemand und dann sagt er vielleicht, warum er lacht und dann lachen manchmal alle mit.

Wir hielten uns an den Händen und versuchten den Kreis wieder zu schließen, der sich bis heute nicht geschlossen hat.

Das ist auch gut so.

Wir überbrücken inzwischen einfach die Lücke, indem wir alle unsere Arme ein bisschen weiter öffnen.

Ich habe jahrelang mit Trauernden gearbeitet und kenne mich deshalb gut aus, mit den Phasen der Trauer.

Ich wusste: Es gibt im Grunde kein falsches Trauern. Alles ist auf seine Weise richtig.

Auch, dass ich wochenlang lustlos, in Schlabberklammotten und nur noch als Schatten meiner selbst dahindümpelte, war, denke ich, in Ordnung.

Positives Denken?

Was war das noch gleich?

Daran hatte ich gar nicht mehr gedacht. Bis eines Tages eine von diesen Mails in meinem Mailkasten war:

„Sehr geehrte Frau Röder, mit Bestürzen erfuhr ich durch die Medien, von ihrem tragischen Unglücksfall ..."

Ich hielt diese Email für eines der vielen Kondolenzschreiben. Hunderte in den letzen Wochen.

So viele Menschen hatten an mich und meine Familie gedacht. Das hat uns viel Kraft gegeben. DANKE!

Ich las weiter:

„... Umso mehr beschäftigt mich seit geraumer Zeit, folgende Frage: Frau Röder. Wie geht es ihnen nun persönlich und klappt es denn nun noch mit ihrem positiv Gedenke???

Wo ist denn jetzt der Glückmoment?

Hat es sich nun endlich erledigt, mit dem pink und positiv Gequatsche? Ich freue mich händereibend auf Ihre motivative Antwort to go."

Gemein! Denkst du?

Ja, ich auch. Im ersten Moment. Aber dann passierte etwas in mir.

Ich bäumte mich innerlich auf und begann, wütend einen Brief zu verfassen:

„Sehr geehrter Herr …

Mit Bestürzen las ich ihre Zeilen. Abgesehen davon, dass es nicht grad die feine Art ist, sich so an einen Trauenden zu wenden, möchte ich Ihnen …"

Dann schrieb ich mir alles von der Seele:

Dass es nämlich sehr wohl Glücksmomente gab:

Der Zusammenhalt in unserer Familie, der ungebrochen ist.

Die vielen Stunden, die wir uns Trost spendeten.

Die Erkenntnis, dass das Leben sehr wohl wertvoll ist und unglaublich schnell vorbei sein kann.

Dass man dankbar sein darf, für jeden Moment, den man mit den geliebten Menschen um sich herum verbringen darf.

Dass jede Aussöhnung, jedes Aufeinanderzugehen, jedes liebe Wort und jede Umarmung, eine viel größere Bedeutung hat, als wir es oft selbstverständlicherweise so annehmen.

Der Moment, wenn die Trauer der Dankbarkeit weicht, dass man diesen Menschen eine Weile in seinem Leben haben durfte.

Dann las ich meinen Brief noch einmal durch und hatte einen neuen Glücksmoment, nämlich den, das Licht in meinen schwärzesten Stunden gefunden zu haben.

Glücksmomente gibt es!!!

In JEDEM deiner Momente. Auch in deinem dunkelsten Moment.

Ich schickte die Mail nie ab. Zu persönlich waren meine Worte gewesen aber ich schrieb einige Zeilen und bedankte mich aus vollstem Herzen für diesen Denkanstoß.

Von diesem Tag an begann ich, mich aufzurappeln.

Ich nahm mir jeden Tag eine „Ruhige Stunde" wie ich sie nannte.

In der Stunde beschäftigte ich mich intensiv mit meiner Trauer und den Rest vom Tag, nahm ich langsam Stück für Stück wieder für mich und meine Kinder ein.

Es war an der Zeit, mit den Wunden aufzustehen und wieder Laufen zu lernen.

Ich schreibe auch an einem Buch für Trauernde. Es geht nur langsam voran. Ich habe mir selbst versprochen, mir die Zeit zu geben, die ich brauche und mir nicht durch irgendwelche übereiligen Aktionen Wunden aufzureißen, die noch sehr frisch sind.

Ich danke Euch allen und besonders meiner Familie, die mich bis hierhin getragen haben und ich bin sicher: Er sitzt irgendwo beobachtet mein Tun und verdreht ab und wann genervt die Augen.

Für ihn war ich bis zum Schluss einfach nur die nervige, große Schwester, auf die er ab und zu stolz gewesen ist.

Ganz oft haben die Menschen zum Thema positives Denken so reagiert: "Ja aber man kann sich ja nicht alles schön reden."

Natürlich kann man Trauer nicht schönreden und ein Trauernder kann das erst recht nicht.

Es geht auch nicht darum sich etwas schön zu reden, was einfach nicht schön ist.

Es geht darum, dieses Leben so anzunehmen, wie es sich dir zeigt und dann das Beste daraus zu machen.

Die Lehren daraus zu ziehen, die du für dich daraus ziehen kannst.

Bei einem Trauerfall gibt es meist kein: „Das Gute daran war…".

Aber es gibt tiefe grundlegende Erkenntnisse, die einen weiterbringen. Die dich reifen lassen.

Zum Beispiel hatte ich in der alten Zeitrechnung oft Angst und war zu vorsichtig. Habe lange gezweifelt und gehadert.

In der neuen Zeitrechnung kommt das nicht mehr oft vor.

Tolle Sachen schiebe ich nicht mehr auf. Ich mache sie sofort.

Ich habe keine Bedenken mehr in ein Flugzeug zu steigen oder mich nachts im Park aufzuhalten.

Mein Bruder lag in seinem Bett.

Es mag eine pragmatische Herangehensweise sein aber es ist etwas Wahres dran.

Heute ist dein Leben und heute ist der Tag an dem du dein Leben in diese oder jene Richtung lenken kannst.

Es geht nicht um Schönreden.

Es geht darum, mit der Trauer zu leben. Gut zu leben. Mit Hoffnung, Zuversicht und Lebensfreude.

Meine Schwester beschrieb es einmal sehr schön:

„Es wurde wieder Frühling. Auch mein Leben erwachte wieder neu aber in mir bleibt eine Stelle, die nie mehr blüht."

Auch ein Pink-Thinker kann nicht verhindern, dass schlimme Dinge passieren und er wird auch nicht „Hurra" schreien. Dass muss er auch nicht.

Ein Pink-Thinker hat nur die gute Angewohnheit, nach einer Weile wieder aufzustehen.

Wunder geschehen doch!

Eigentlich sollte es in diesem Buch die Glücksmomentgeschichten nicht mehr geben, aber wenn du regelmäßig meinen Blog liest, dann kennst du vielleicht diese Geschichte bereits.

Sie musste einfach sein.

Denn: WUNDER geschehen doch und manchmal gibt es Dinge zwischen Himmel und Erde, die keiner erklären kann.

Wie ihr nun ja wisst, habe ich auf tragische Weise meinen Bruder verloren.

Er war ein sehr talentierter Zeichner und Graffiti-Künstler. Natürlich gingen wir, die Familie und die Freunde, davon aus, dass alle seine Skizzen in der Wohnung verbrannt sind.

Mein Bruder war das künstlerische Vorbild meines Sohnes und er bedauerte natürlich besonders, dass alle Skizzen "verschwunden" waren.

Etwa neun Monate, nach dem Unglück, besuchte mein Sohn zum ersten Mal die Berufsschule.

Dort lernte er natürlich neue Jungs kennen.

Und einer kannte einen, der einen kannte, der als Azubi die total ausgebrannte Wohnung meines Bruders mit seinen Kollegen saniert hatte.

In allem Schutt und aller Asche muss er einige, relativ unversehrte Skizzen gefunden haben.

Er fand sie zu schade, um sie in den Container zu werfen.

Er erzählte all seinen Freunden von diesem Fund und von seinem Gefühl, die Skizzen gut aufbewahren zu müssen.

So ein Glück!

Nun kommt der Clou:

"Zufällig" im Gespräch, fanden mein Sohn und sein Berufsschulfreund heraus, dass es sich um die Skizzen meines Bruders handelte.

Mein Sohn hat diese, für uns unglaublich wertvollen, Skizzen mit nach Hause gebracht.

Ein Geschenk des Himmels. Ausgeführt von einem Jungen, der einen kannte, der einen kannte, der als Azubi ...

Wenn der wüsste, was er für uns da vollbracht hat.

Ein unglaubliches Gefühl, doch noch etwas so persönliches als Erinnerung bekommen zu haben.

Lebe deinen Traum

Ein Pink-Thinker hat von Natur aus viele gute Ideen.

Doch unser allseits beliebter Herr Grießgram liegt auf der Lauer und hat natürlich Einwände.

Wie sollte es auch anders sein?

Sobald deine supertolle Idee Gestalt annimmt, wird der sich gnadenlos einmischen und sie dir mit seinen alten, aber immer wieder wirksamen, logischen Argumenten zu Nichte machen.

Er wird solange herummeckern, bis auch dir endlich klar ist:

„Vergiss es, das kann nix werden. Wann habe ich schon mal Erfolg gehabt? Ich neige eh zu vorschnellen Entscheidungen".

Du packst deine klasse Idee, sei es ein Buch zu schreiben, einen Laden zu eröffnen oder dir eine neue Frisur zuzulegen, in die „Vielleicht-Einanderesmal-Schublade" und weg ist sie.

Stopp!

Hier wird ein Pink-Thinker erst richtig aktiv. Nix mit ab in die böse Schublade, sondern er spricht ein Lautes: „Oh, ja, das ist die Idee!"

Mut zur Veränderung ist hier gefragt.

Du hast diesen Mut von Natur aus mitgebracht, lass dich doch nicht von dem alten Meckerfritzen veräppeln.

Er will sich in seiner Paraderolle, der Angst aufgockeln und dir weismachen, dass die neue Frisur gar nicht zu dir passt.

Du schon immer schlecht in Rechtschreibung warst oder dass das Risiko sich selbstständig zu machen in der heutigen Zeit an Wahnsinn grenzt.

Der alte Grießgram hat nicht den Funken einer Ahnung, denn er fürchtet sich vor allem Neuen.

In Wahrheit ist er befangen und will sich mit deinem Bauchgefühl einen Machtkampf liefern, den du dann „Grübeln" oder „Zweifeln" nennen würdest.

Schluss damit. Es wird nicht mehr gegrübelt, schließlich willst du auch ein Pink-Thinker sein.

Wenn du tief in deinem Inneren den Wunsch oder Drang verspürst, etwas Neues zu starten, dich zu verändern, dann hole dein Abenteuerhütchen aus dem Schrank, setzte es dir auf und beginne. Tu´s doch einfach.

Vor allem: Jetzt! Beginne jetzt! Sofort! Heute!

Nicht irgendwann, nicht Morgen oder wenn die Melanie das Abitur gemacht hat, sondern jetzt.

Wenn eine Idee deine Aufmerksamkeit erregt, dann ist dies auch mit Sicherheit - und das verspreche ich an dieser Stelle hoch und heilig, der richtige Zeitpunkt für dein Vorhaben.

Dein Bauchgefühl hat bereits, ehe du diese Idee an Herrn Grießgram vorbei, in deine Gedanken geschmuggelt hast, schon alle „Für" und „Wider" abgecheckt.

Die Bahn ist frei.

Der Rest liegt nun an dem, der das Abenteuerhütchen aufgesetzt hat.

Solltest du auf kleine Hindernisse bei deinem Vorhaben stoßen, gebe nicht auf, sondern denke in eine andere Richtung. Such dir die Lösung. Es muss sie geben, sonst hättest du diese Idee nicht gehabt.

Denke an dein Abenteuerhütchen, es macht dich zum großen Entdecker deiner Möglichkeiten.

Vergeude keine Zeit, nicht eine Minute, mit Grübeln oder Zweifeln.

Suche den Weg um dein Vorhaben zu verwirklichen.

Wenn du deine ganze Energie, die du ansonsten den Zweifeln geschenkt hättest, dafür verwendest- wirst du staunen, was du als waschechter Pink-Thinker zu tun in der Lage bist und auf die Beine stellen kannst.

Träume nicht dein Leben – lebe deinen Traum.

Sofort!!!

Die Magie des „Jetzt"

Wann ist der richtige Moment?

Sicher kennst du diese Frage, zu genüge.

Ich habe eine schnelle Pink-Thinker Antwort für dich, die so kurz und simpel ist, dass du staunen wirst.

Die Antwort lautet:

„Jetzt".

Der richtige Zeitpunkt ist immer „Jetzt".

Sobald eine Idee sich in dir breitmacht, oder ein immer wiederkehrender Gedanke, dann ist dies ein sicheres Zeichen dafür, dass genau jetzt der richtige Moment ist, damit, was auch immer du planst zu beginnen.

Das Jetzt hat eine unglaubliche Macht.

Jeder Pink-Thinker weiß es.

Im Jetzt kannst du alles verändern. Jetzt ist der Moment, der über dein Morgen entscheidet.

Was du grade denkst, wird sich manifestieren. Das weißt du bereits und das Leben im Jetzt ist das Glücklichsein.

So einfach ist das.

Glück ist jetzt.

Liebe ist jetzt.

Alles, was dich umgibt, umgibt dich jetzt und nur jetzt in diesem Moment kannst du es genießen, auskosten, für dich arbeiten oder verschwinden lassen.

Nur jetzt kannst du diesen Sonnenaufgang genießen.

Morgen wird es ein anderer sein, ebenso wie es gestern ein anderer war.

Wenn du ein Kind bekommen willst, dann beginne jetzt mit der Realisierung.

Wenn du leben möchtest, dann lebe jetzt.

Wenn du glücklich sein möchtest, dann sei es jetzt.

Was tust du grade?

Du liest und du denkst.

Vielleicht denkst du, dass ich inzwischen total abgedreht bin.

Vielleicht denkst du auch, dass ich recht habe.

Dann ist übrigens die Wahrscheinlichkeit sehr hoch, dass du bereits ein waschechter Pink-Thinker bist.

Wenn du denkst - na ja irgendwie muss da was dran sein, dann bist du auf dem besten Wege ein waschechter Pink-Thinker zu werden.

Jetzt ist der Moment, indem du entscheidest, ob du das glaubst, was ich dir hier aufschreibe oder eben nicht.

Und die vielen „Jetzt", die folgen werden - nachher, morgen oder übermorgen, nächstes Jahr, in den „Jetzt" kannst du neu entscheiden, ob du mir glauben willst.

Es besteht keine Gefahr darin etwas zu tun, was du dir schön oder aufregend vorstellst.

Denn wenn es dir nicht gefallen sollte, kommt das nächste Jetzt und du entscheidest einfach neu.

Probiere es aus.

Das Jetzt ist sehr hilfreich bei Kummer oder misslichen Lagen. Wenn du zum Beispiel auf etwas wartest und dich die Ungeduld fast zerreißt, dann gehe ins Jetzt.

Konzentriere dich auf das Hier und Jetzt.

Betrachte deine momentane Situation, genieße den Wind, der grade weht, und freue dich daran.

Du wirst sofort die Magie des Jetzt spüren.

Diese Magie führt dich direkt in deine innere Mitte.

Das Jetzt ist Gift für Herrn Grießgram.

Er kann damit nicht umgehen, dass du einfach etwas im Hier und Jetzt tust, denn er geht davon aus, dass du ihn immer um Rat fragst, aber der alte Holzkopf zermürbt deine Idee zu Staub, der im Winde verweht und er schürt deine Zweifel.

Er will dir glauben machen, dass du dich lieber auf das Negative und Vernünftige konzentrieren solltest.

Doch das wird dich nicht weiterbringen.

Sei im Jetzt positiv gestimmt und die Zukunft kann nur positiv werden.

Wie lange hast du nachgegrübelt, ehe du etwas Erfolgreiches getan hast?

Ich wette, nicht lange.

Die richtigen Knaller in deinem Leben wirst du ruck zuck, Hals über Kopf gestartet haben und bist du auf die Nase gefallen?

Einmal oder zweimal sicherlich aber in der Masse deiner Ideen gesehen?

Hat sich der Einsatz da gelohnt?

Ich kenne deine Antwort, sie kann nur „Ja" lauten.

Wenn du aufhören willst, Kummer zu haben, dann mach es jetzt.

Wenn du wieder mal Lust auf ne Pizza hast, dann esse sie jetzt.

Entscheide dich doch einfach: „So ab jetzt bin ich einfach gut drauf".

Pech lieber Herr Grießgram, damit
haste jetzt nicht gerechnet.

Das ist so ziemlich die wichtigste Pink-
Thinker Regel (ich weiß das sage ich
bei fast jeder Regel):

Jetzt ist das Leben und jetzt ist das
Glück. Entscheide dich für das Jetzt
und es kann nichts schief gehen.

Der Pink-Thinker und die Liebe

Auf das Kapitel müsstest Du eigentlich gewartet haben. Nach all meinem Hinfallen und wieder Aufstehen habe ich mich endlich getraut, ein Buch über Verhaltenstipps in Beziehungen zu veröffentlichen.

Du musst wissen: Viele Menschen kommen in meine Beratung, weil sie ein aktuelles Problem haben, und zwar ist fast immer Herr Grießgram beteiligt.

Was beim positiven Denken der Herr Grießgram ist, ist in der Liebe immer irgendein Horst Vollhorst oder manchmal auch ein ganz netter Mensch, der sich als Horst Vollhorst aufführt.

Ja, liebe Männer die ihr ja auf Emanzipation (be)steht. Es gibt auch eine weibliche Frau Grießgram in der Liebe.

Ich nenne sie: Friede Fiesling.
Während sie sich öfter mal in ihrer Paraderolle als Furie gibt, ist er ein unausstehlicher Muffelsack oder noch schlimmer aufgeblasener, schnell beleidigter Egoposer.

Positives Denken ist in der Liebe nicht immer der alleinige Schlüssel zum Glück. Das kann ich dir sagen.

Genau genommen ist positives Denken nie der alleinige Schlüssel zum Glück, in einer Beziehung. Es geht aber auch auf keinen Fall ohne.

In meinen vielen Jahren als Beraterin habe ich natürlich auch viel über die Verhaltensweisen paarungswilliger Menschen gelernt.

Alle „Regeln" die im positiven Denken Bedeutung haben, gelten auch in Bezug auf eine Beziehung.

Sei es, dass du dich selbst gut finden musst, wie du bist, um jemanden zu finden, der dich gut findet.

Sei es, dass du das Beste vom Anderen annehmen solltest oder ihn nicht einfach in Grund und Boden stampfst, wenn er deinen Erwartungen mal nicht entspricht, wie er sollte.

Sei es, dass du den Anderen ein bisschen feierst, hofierst und seine Persönlichkeit unterstützt.

Dass du dich als Glückspilz fühlst oder eben mal den Wegstecktrick anwendest.

Das Kapitel der Aufmerksamkeit ist ein ganz wichtiger Aspekt:

Erwünschtes Verhalten honorieren wir – unerwünschtes Verhalten ignorieren wir.

Sprich: Du schenkst dem, was du nicht willst, erst gar keine Aufmerksamkeit.

Im Grunde ist es wie immer im Leben: das Gleiche in Pink.

AUSSER: Die Magie des „JETZT" da ist es meistgenau anders herum.

Die besten Frauenwaffen funktionieren durch Verzögerung, zurückhalten oder verschieben von Zeitpunkten.

Da ist das JETZT nicht immer die beste Wahl.

Du siehst also, der Pink-Thinker ist hervorragend für eine Beziehung und die große Liebe geeignet.

Ein/e Super(wo)man zu werden, ist so viel einfacher, wenn du vorher ein Pink-Thinker bist. Dann bist du deiner inneren Mitte schon so nah, dass du wie ein strahlender Magnet der Freude auf dein Umfeld wirkst.

Ich habe so einen Spruch in meinen Beratungen: „Komm zurück zu den drei S. Sex, Spaß und Schönheit."

Das ist es, was du bist, wenn du ein Pink-Thinker bist.

Sexy, weil du bist, wie du bist. Du hast Spaß und ich meine den tiefen, den echten Spaß am Leben und das macht dich schön.

Positives Denken zeigt Wirkung: Du beginnst zu strahlen, zu wirken und das ist zehnmal mehr wert als jedes Make-up, jedes Parfum oder jedes sündhaft teuere

Kleidungsstück. Es erzeugt Charisma und das, kann man sich nicht kaufen!

Herr Grießgram hat ein Haustier

Oder: Vorsicht vor dem bissigen Vieh.

Ja, Herr Grießgram steht leider nicht alleine auf weiter Flur.

Er hat ein Haustier.

Ich bin sicher, ganz sicher, du hast bereits mehrfach Bekanntschaft mit ihm gemacht.

Du und ich und viele Andere kennen ihn als den: inneren Schweinehund.

Ist das nicht ein Mistvieh?

Meist schläft der faule Hund ja irgendwo rum, bis er von seinem Herrchen aufgehetzt wird, uns das Leben schwer zu machen.

Alles, was uns nämlich dazu bringen könnte, etwas zu tun damit es uns besser geht, wird von den Zweien rigoros unterbunden.

Na ja, zumindest versuchen sie's. Beim Pink-Thinker hat sich der innere

Schweinehund schon das ein oder andere Zähnchen, ausgebissen.

Der Schweinehund ist auf jeden Fall der, der die besten Argumente hat, wenn du z.B. zum Sport gehen möchtest. Was ja wieder Ausgleich bedeutet.

Dann hörst du den inneren Schweinhund durch Herrn Grießgram in Form deiner Gedanken zu dir sprechen:

„Ach bleib doch zu Hause, ist doch schön gemütlich hier".

„Sport ist Mord".

„Mensch, die Annegret die hat sich erst den Knöchel verknackst, weil sie blöde rumgehopst ist".

„Hast du das in Deinem Alter nötig?"

„Bei dem Wetter geht doch kein Hund vor die Tür".

„Dir geht's heute nicht gut".

„Gleich kommt deine Lieblingsshow im Fernsehen".

Diese und noch viele Argumente mehr hat schon jeder von uns gehört.

Am lautesten empfinde ich den blöden Köter, wenn ich mir grade vorgenommen habe, auf meine Ernährung zu achten.

Gutes Essen macht nämlich auch gute Laune (auch dazu später noch mehr), das geht natürlich nach Grießgrams Ansicht so gar nicht. Schon hetzt er das bissige Vieh auf die Gedanken:

„Komm, was soll der Geiz".

„Auf einem Big Mäc ist doch Salat".

„Nimm ruhig noch ein Stück Kuchen du hast es dir doch verdient".

„Wer traurig ist, muss auch kräftig zulangen".

„Sind doch kaum Kalorien".

Und vieles mehr! Du weißt bestimmt noch tausend Argumente, die du schon vom Schweinehund zu Hören bekommen hast, um dir den Bauch vollzuschlagen.

Doch wenn du erst mal ein richtiger Pink-Thinker bist, dann bekommst du das fiese Vieh auch richtig gut in den Griff.

Denn eins ist positiv am inneren Schweinhund, ich sag ja, es gibt immer etwas Positives, er ist superschnell beleidigt, wenn man ihn einfach ignoriert.

Dann schlappt der mit eingezogenem Schwanz zurück in seine Ecke und gibt Ruhe.

<u>Gutes Essen macht gute Laune</u>

Jeder Pink-Thinker weiß:

Du bist, was du isst.

Doch wie definiert man nun gutes Essen?

Also, gutes Essen ist in erster Linie dass, was dir schmeckt und was dir gut tut.

Wenn Du dich nach dem Essen vollgestopft und schlapp fühlst, was bei einer Schweinhaxe mit nem Haufen Kartoffelpü nicht verwunderlich ist, dann weißt du:

Dieses Essen war nicht optimal um mich mit Energie zu versorgen.

Beim Auto ist es nichts anderes: je besser das Benzin, desto besser läuft der Motor.

Vitamine und Nährstoffe, manchmal auch ein bisschen Schokolade, machen dich fit und sorgen für gute Laune.

Die Serotonin Ausschüttung im Gehirn wird angeregt und es fällt Herrn Grießgram schwer, gegen diese positive Power anzukommen.

Essen hält Leib und Seele zusammen, das ist nun mal so.

Was damit gemeint ist:

Essen ist auch Erdung. Essen sorgt dafür, dass deine Verbindung zu Mutter Erde nicht abreißt.

Denn manchmal, wenn man zum Beispiel zu viel grübelt, dann verliert man den Kontakt zum eigenen Körper.

Der ist schließlich für den Moment der Gastgeber unserer Seele, und nur wenn der optimal funktioniert, dann kann es unserer Seele auch richtig gut gehen.

Also nicht vergessen: Auf eine gesunde Ernährung kommt's an!!!

Das schönste was Pink-Thinker Füßchen tun können

Das Schönste was deine Pink-Thinker Füßchen tun können, ist ...?

Na komm schon, du kennst die Antwort.

Ist Tanzen, genau.

Na ja oder Laufen.

Laufen hat rein energetisch den gleichen Sinn und Zweck wie das Tanzen.

Wobei mir persönlich das Tanzen wesentlich mehr zusagt als das Laufen.

Eins haben die beiden gemeinsam - sie sorgen für Ausgleich.

Du baust sofort Stresshormone ab und erzeugst einen wahren Glückshormonregen in deinem Gehirn.

Laufen oder Tanzen, das ist genau genommen wie meditieren.

Du machst deine Gedanken einfach frei und kannst neuen, frischen

Gedanken freien Lauf lassen und sorgst damit für den lebenswichtigen Ausgleich in deinem Energiesystem.

Sicher kennst du den Begriff „Kopflastig", dieser Begriff beschreibt, dass du dich fast nur gedanklich mit etwas befasst oder besser gesagt Herrn Grießgram das Zepter in die Hand gegeben hast.

Damit du nicht „kopflastig" und nicht „irgendwaslastig" wirst, ist es wichtig, Ausgleich zu schaffen. Ausgleich zwischen Gedanken-, Körper- und Emotionsarbeit.

Nur dann funktioniert dein Pink-Thinker System richtig.

Denkst du pausenlos über alles und jeden nach, dann wirst du „kopflastig" und kannst keine klare Entscheidung mehr treffen.

Es wird so viele Für und Wider geben, dass es dir unmöglich sein wird, auch nur noch ein wenig positives Lebensgefühl aufkommen zu lassen

Gedanken sind zumeist schwer und träge, wie man am Herrn Grießgram sehen kann.

Vollgefressen und vollgestopft mit vielen Informationen kommt es zu einer wahren Gedankenüberflutung.

Das ist dann, wenn Herr Grießgram sich, im übertragenen Sinne, übergeben muss und dir geht es total schlecht.

Das mit dem gesunden Körper hatten wir bereits kurz im Kapitel zum Essen.

Es ist einfach wichtig, dass dein Körper funktioniert. Sonst fühlst du dich ebenfalls schlecht und wenig motiviert positiv zu denken.

Das wiederum zieht Negatives in dein Leben, wie wir ja bereits wissen.

Wenn du zu emotionslastig bist, dann neigst du zu Überreaktionen. Das ist im Positiven super, z.B. beim verliebt sein.

Da ist es klasse, emotionslastig zu sein und ehrlich gesagt ist Emotionslastigkeit das kleinste aller Übel.

Kritisch wird es jedoch, wenn eine negative Emotionslastigkeit eintritt, sei es durch zu viele Enttäuschungen oder großen Kummer.

Dann ziehst du deine, vielleicht ausnahmsweise Mal, gar nicht so schlechten Gedanken mit runter und dann ist alles aus dem Lot geraten.

Dann musst du versuchen, wieder ins Gleichgewicht zu geraten.

Schaffe Ausgleich. Das ist sehr wichtig, wenn du ein richtiger Pink-Thinker sein willst.

Übung: Ausgleich

Nachdem du nun weißt, warum Ausgleich so wichtig für das positive Lebensgefühl ist, kommt hier eine kleine Anregung.

An einem Tag, an dem du spürst, dass du dringend Ausgleich benötigst, kannst du dir auch ganz schnell den kleinen Ausgleich zwischendurch verschaffen.

Pfeffer die Schlappen in die Ecke, dreh die Musik voll auf, vorzugsweise dein Lieblingslied- und los geht's: tanze wie wild.

Zappele herum, wirbele deine Arme durch die Luft und wenn du denkst dass du bescheuert aussiehst, dann lache doch laut los.

Wenn du Scheu hast dann sorge dafür, dass keiner dich sehen kann und lege dann los.

Dreh dich und hampele herum, ist doch egal, ob den Nachbarn die Lampe wackelt.

Hauptsache du bist danach wieder ausgeglichen.

Ich denke 25 Minuten werden reichen und du bist wieder fit für den Alltag.

Ein gute Übung bei Wut ist, ganz schnell zu versuchen aus der Situation in die Natur zu kommen. Vielleicht auf ein Feld oder in einen Wald.

Renne und schreie, schimpfe und tobe, bis alles raus ist.

Dir wird es gut gehen, ich verspreche es dir. Es sollte dich recht wenig interessieren, ob jemand etwas denkt oder was der Jemand denkt. Selbst schuld, wenn er es nicht auch so macht.

Wenn du nicht gerne tanzt (gibt es das?), dann laufe, betätige deine Füße, bringe deine Energien in Schwung.

Es ist egal, in welcher Geschwindigkeit du läufst. Ob du spazieren gehst, oder strammen Schrittes oder vielleicht sogar joggst.

Völlig egal.

Hauptsache du setzt einen Fuß vor den Anderen. Das funktioniert auch auf einem Fitnessgerät, ist aber für die Erdung nicht so sinnvoll wie das Laufen.

Für den reinen Ausgleich tut es aber auch ein Trimmrad oder ein Crosstrainer.

Als kleinen Extra-Tipp empfehle ich dir das Laufen In der Natur, egal welches Wetter grade ist.

Zieh dich passend an und raus an die Luft. Der Wind wird deine Gedanken frei blasen.

Regen oder Schnee auf deinem Gesicht, werden deine Durchblutung fördern und Sonne, na dazu brauche ich wohl nichts zu sagen oder?

Der weitere Vorteil daran, sich nach draußen zu begeben, zum Laufen ist der, dass du dir die Blumen ansehen kannst, die am Wegesrand wachsen und die Bäume, die deinen Weg säumen.

Du wirst eine unheimliche Belebung auch durch die aufgenommenen Bilder erfahren, weil es einfach etwas ganz anderes ist, als immerzu in den Fernseher zu starren.

Außerdem denk nur mal daran, wie viele Glücksmomente man auf so einem Spaziergang sammeln kann.

Laufe jeden Tag 25 Minuten und du wirst sehen, dass du viel mehr positive als negative Gedanken denkst.

Der gesunde Pink-Thinker

Ja, positives Denken und die Gesundheit, das gehört nun unweigerlich zusammen.

Ich habe entschieden dieses Thema auch hier kurz anzuschneiden, denn was nutzt einem Pink-Thinker die beste Krankheit, wenn er nicht das Geschenk oder die Botschaft darin erkennt.

Ja, du hast richtig gelesen. Auch Krankheiten sind nur ein Geschenk.

Sie wollen uns darauf aufmerksam machen, dass unsere Seele etwas vermisst, dass etwas nicht in Ordnung ist in unserem System, wo Körper Geist und Seele in Eintracht zusammenarbeiten sollten.

Dieses Thema hat bereits ganze Bücher gefüllt, deshalb werde ich es, wie versprochen, nur grob anreißen.

Es kann sein, dass man krank wird, weil man davon ausgeht, krank zu werden.

Gedankenmuster wie z.B.:

„Ich bekomme jeden Winter eine Grippe", führen zu einer Grippe.

Gedankenmuster wie: „Ich bin und bleibe gesund", führen zur Gesundheit.

Was du denkst, manifestiert sich auch in deinem Körper.

Manchmal denkst du gesund zu sein und bezweifelst das auch gar nicht, erkrankst aber trotzdem.

Dann kann es sein, dass du einem tiefsitzenden Gedankenmuster folgst, also einem Gedanken, dessen du dir nicht bewusst bist.

Vielleicht möchte deine Seele dir etwas aufzeigen.

Dir sagen, dass ihr etwas fehlt, dass du dich irgendwo blockierst oder auf einem falschen Weg befindest.

Dann wird dein Körper, nach einiger Zeit, wenn du dein Bauchgefühl missachtet hast, an irgendeiner Stelle schwächeln oder sogar erkranken.

Manchmal kann man anhand bestimmter Erkrankungen die Botschaft der Seele erkennen.

Häufige Halsentzündungen stehen z.B. für unausgesprochene Dinge in deinem Leben.

„Lass es raus", will deine Seele dir dann sagen.

Magenschmerzen entstehen, wenn du vieles einfach herunterschluckst, weil du dich nicht traust, etwas zu sagen, oder deine Meinung zu vertreten.

Global gesagt steht eine Krankheit häufig im Zusammenhang mit mangelnder Selbstliebe.

Deine Gedanken:

„Ich denke schlecht über mich, weil der Herr Grießgram eine schlechte Meinung über mich hat."

Irgendwann kann es sein, dass dich das krank macht.

Ich möchte betonen, dass ich nicht meine, das jeder der krank wird, selber schuld ist. Ich möchte sagen, dass eine gute Gedankenhygiene zur Gesunderhaltung wesentlich beitragen kann.

Bleib gesund und denke auch, dass du gesund bleibst.

Gesundzeit

Ich glaube, dass alles zur rechten Zeit passiert. Beziehungsweise, dass das Leben uns zur rechten Zeit den richtigen Hinweis gibt.

Ein Pink-Thinker hat natürlich den Vorteil, dass er diesen Hinweis schneller und leichter erkennt und dann auch dem Impuls zu den nötigen Maßnahmen schneller folgen kann als andere Menschen.

Nirgendwo ist der richtige Zeitpunkt im Leben so wichtig wie in Gesundheitsfragen.

Dein Körper ist ein Wunderwerk mit unzähligen kleinen und großen Funktionen, die alle etwas miteinander zu tun haben.

Dein Körper funktioniert auf wundersame Weise wie ein Uhrwerk und eine kleine Störung bringt alles aus dem Takt.

Aus diesem Grund hörte ich vor einigen Jahren mit dem Rauchen auf.

Nein, nicht weil jede Zigarette meinen Körper aus dem Takt brachte.

Der Körper ist sogar so wundervoll, dass er irgendwann die Zigarette als „normal" empfindet und sein ganzes Funktionswerk danach ausrichtet, dass es auch mit Zigarette funktioniert. Eine Weile.

Ich hörte auf, weil mir die Zigaretten nicht mehr schmeckten und ich den Geruch in meiner Kleidung ekelhaft fand.

Ein klares Zeichen für mich.
AUFZUHÖREN.

Ich rauchte meine letzten Zigaretten ganz bewusst und intensiv. Schmeckte jeden einzelnen Zug als wäre es das Größte. Von meiner letzte Zigarette schaffte ich nicht mal ein Viertel, dann musste ich würgen.

Ich steckte den Rest der Packung in den Schrank. Wer wusste schon, ob ich nicht in der nächsten Woche wieder anfangen wollen würde?

Ich habe sie nie mehr angefasst.

Was ich damit sagen will: Es war der richtige Zeitpunkt. Mein Körper zeigte mir durch Geruchsempfindlichkeit: „Ich kann das nicht mehr so gut kompensieren."

Eine gute Freundin ging zum Arzt, weil sie eine störende Warze am Bein hatte. Sie mag Ärzte nicht und geht nicht gerne für Kleinigkeiten.

Aber dieses Ding wurde immer größer und tat schließlich weh, wenn sie sitzen oder knien wollte, um mit ihrem Kind zu spielen.

Also ging sie zum Hautarzt.

Er sah sich die Warze an und entdeckte zwei Zentimeter über der Warze einen minikleinen Fleck, der sich als bösartiges Melanom entpuppte.

Sie wäre nie wegen des Minifleckchens zum Arzt gewandert. Es störte ja nicht.

Ein halbes Jahr später hätte die Prognose nicht mehr günstig ausgesehen.

Ihr Körper hat etwas Wunderbares für sie getan. Er hat eine große störende aber ungefährliche Warze wachsen lassen, damit sie zu einem Facharzt geht und die Möglichkeit besteht, das eigentliche Übel, miniklein aber sehr gefährlich, zu bemerken.

Schau deinen Körper an. Hör ihm zu. Widme ihm Zeit. Ernähre ihn gesund, bewege und pflege ihn.

Es ist deine Gesundzeit.

Manchmal zeigt der Körper einem aber rein gar nichts an und es bilden sich schwere Krankheiten aus und dann kommt das, was ich im Kapitel „Hippiestyle" schon beschrieben habe: Sei ein Pink-Thinker und folge deinen Impulsen.

Wenn dein Unterbewusstsein dir den Impuls schickt, dich mal richtig durchchecken zu lassen, dann solltest du es auf jeden Fall tun.

Manchmal ist es vielleicht gar nicht, weil eine Krankheit ausgebrochen oder im Entstehen ist.

Vielleicht ist der Arzt ja dein Traumpartner?

Wer weiß das schon? ;-)

Danke

Danken ist wichtig. Wenn du dich bedankst, dann erkennst du an, vieles erhalten zu haben. Du strahlst also Zufriedenheit ins Leben und Zufriedenheit wird sich in deinem Leben manifestieren.

Dankbarkeit empfinde ich als eine Art Magie, sie befreit mich.

Versuche doch mal Folgendes, vielleicht nur eine Woche lang oder wenn dir das Danken gefällt, immer weiter.

Nimm dir jeden Morgen, am Besten gleich nach dem Aufstehen, 20 Minuten Zeit zum Danken.

Bedanke dich für alles, was dir einfällt.

Vielleicht auch mal für negative Erfahrungen, durch die du aber auf jeden Fall etwas gelernt hast. 20 Minuten können so verdammt lang sein, dass du nach einigen Minuten nicht mehr wissen wirst, für was du dich noch bedanken sollst.

Denn spätestens nach fünf Minuten hat man das Übliche schlichtweg durch.

Gesundheit, gesunde Kinder, kluge Kinder, gesunde Eltern, alte Eltern, dass der Wagen noch mal über den TÜV gegangen ist etc. .

Dann geht's an´s Eingemachte.

Da ich mir den Luxus nicht erlauben kann, einfach mal zwanzig Minuten länger im Bett zu bleiben, zum Danken (früher Aufstehen, sehe ich beim besten Pink-Thinker-Willen nicht ein), renne ich also auch schon mal wild dankend ins Bad und beim Zähneputzen danke ich fleißig weiter.

Wie gesagt das Übliche ist zu diesem Zeitpunkt bereist abgehakt, also danke ich für alles Mögliche.

Dass die Zahnpastatube zugedreht war und ich diesmal keine Bröckchen im Mund habe.

Dass ich nicht auf eine Duschgellache ausgerutscht bin, die meine Söhne mir netterweise hinterlassen haben.

Ja, der Geist ist vielfältig, wenn er muss.

Trotzdem verfehlt diese vielleicht verrückt erscheinende Übung niemals ihren Zweck.

Am Ende fühlst du dich leicht wie eine Feder und hast doch tatsächlich, das unglaublich tolle Gefühl, das beste Leben auf diesem Planeten zu haben, ist das nicht total super?

Danke an jedem Tag für alles, was in deinem Leben ist, auch und vor allem für die negativ erscheinenden Dinge.

Denn die sind es, die dich weiter bringen und dahin geführt haben, wo du heute stehst.

Vielleicht sind meine „Danke" für meine Lieben, wie ein kleiner Ansporn.

Ich bedanke mich dafür gesund und munter zu sein, einen wachen Geist zu besitzen und die Gabe zu haben, andere Menschen für sich selbst, ihr Leben und ihre Beziehungen zu begeistern.

Ich danke dafür, eine tolle Familie zu haben, die hinter mir und meinen manchmal verrückten Ideen steht.

Insbesondere meinen Eltern, die mich, manchmal mit Mühe, aufgezogen und geleitet haben.

Meinen Kindern möchte ich dafür danken, dass sie mich freudig entbehren, damit ich Zeit finde, meine Berufung auszuüben und dafür, dass sie mein Leben mit Freude und tiefer Liebe füllen.

Meinem damals Freund, heute Ehemann René, möchte ich von Herzen danken, dass er sich um alles gekümmert hat, wenn bei mir die Zeit nicht reichte.

Danke für die Unterstützung und die Liebe, die du mir seit vielen Jahren entgegenbringst.

Ein besonderer Dank gilt meiner Schwester. Katrin ich danke dir: Für deine Liebe, deine Ehrlichkeit und deine Unterstützung und dafür, dass du dich entschieden hast, mich als Schwester zu haben.

Ich danke von Herzen dafür, tolle Freunde zu haben, die mich bereichern, lieben und manchmal kritisieren.

Ein besonderer Dank geht an meine Michi, die mich schon sehr lange auf meinem Weg begleitet und mein Pink-Thinker Projekt immer tatkräftig unterstützt hat und mich auch zu einem Kapitel in diesem Buch inspiriert hat.

Last, but not least bedanke ich mich bei allen, die ich nun nicht besonders bedacht habe und bei allen Menschen, die mich in den letzten Jahren um Rat ersucht haben. Danke für das große Vertrauen.

Und natürlich bei fast (33.000 – 2007) 51.102 (2013) Besuchern auf der Pink-Thinker Website, lieben Dank.

Es gäbe noch Tausende mehr denen ich danken könnte, aber ich bedanke mich in Gedanken weiter und ich weiß, dass es da hingelangt, wo es hingehört.

Das Ende der Pink-Thinker?

Hier ist das Ende des Buches aber noch lange nicht das Ende der Pink-Thinker.

Wir, du und ich, wir fangen grade erst an diese Welt zu erobern.

Es gibt noch viel mehr Menschen die einen positiven Gedanken und ein wenig Motivation to go brauchen können.

Ich wünsche dir immer eine starke Schulter in deinem Leben und in Stunden der Not einen Funken der Erinnerung an dieses Buch.

Du weißt doch, das Problem hat die Lösung mitgebracht.

Ich wünsche dir einen kräftigen Tritt, um Herrn Grießgram und seinem Schweinehund in den Hintern zu treten.

Tausende von Glücksmomenten sollen deine Tage überfluten und positive Gedanken sollen in der Überzahl sein, immer.

Ich danke dir für deine
Aufmerksamkeit.

Vielen Dank.

Für eine Welt voller Pink-Thinker!!!

Michaela Röder

www.liebe-sex-gemeinheiten.de

www.michaela-roeder.de

Im Anschluss möchte ich dir noch
einige Reaktionen zum ersten Pink-
Thinker Buch zeigen.

Bianca schrieb: Denke pink und alles läuft von alleine

Hallo Ihr Lieben,

als ich kann dieses Buch nur empfehlen. Die Michaela Röder hat da wirklich ein tolles Werk verfasst. Ich lese in diesem Buch immer wieder und es ist sehr hilfreich - bei aller Art von Kummer ... oder wie meine verstorbene Mutter immer wieder zu sagen pflegte. "Die größten Probleme lösen sich ganz alleine!" Wie recht sie hatte. Dies machte einem auch dieses Buch klar und vielleicht geht es dir wie mir und du liest, erkennst dich wieder und bekommst ein dickes: O) auf dein Gesicht.

Bettina: Top!

Eine weise Rezensentin hat über ein anderes Buch mal geschrieben: "Wenn Sie das Buch gelesen haben, sind Sie glücklich - garantiert!"
Das kann ich hier nur zitieren: Dieses kleine Pink-Thinker Buch hat mich in kurzer Zeit aus einem absoluten Supertief geholt, mittlerweile lese ich es immer wieder mal und jedes Mal wieder hilft es mir, meinen eigenen "Herrn Griesgram" zu überlisten ...

Alle Erkenntnisse des positive thinking sind hier kurz und plausibel zusammengefasst und mit kleinen Übungen und "Tricks" ausgestattet ... ein super Buch, das ich jedem ans Herz legen kann!

Robert: Das Glück beginnt im Kopf

Pink-Thinker sind glücklicher! Zum Thema "positiv denken" gibt es bereits eine Reihe Bücher am Markt, die sicherlich alle ihre positiven Seiten haben.

Michaela Röder ist es jedoch gelungen,

das Pink-Thinken konkreter, persönlicher und erlebbarer zu machen. Denn schließlich geht es darum, das Glück mit einem offenen und bejahenden Denkstil ins eigene Leben zu katapultieren. Zunächst in Gedanken und dann konkret in der materiellen Wirklichkeit.
Bei mir hat es wirklich in sehr vielen Punkten geklappt und ich halte es für lohnenswert immer wieder Dinge nachzulesen und mir Anregungen zu holen...

...und es hört ja auch nicht mehr auf

Insofern kann ich dieses Buch wirklich empfehlen - am Besten gleich 3x lesen und immer mal wieder Reinschnuppern.

Nicole: Think Pink – denk positiv

Das Pink-Thinker Buch kann ich einfach nur weiter empfehlen.....

es ist locker, spritzig und in einfachen Worten geschrieben ... direkt aus dem Leben gegriffen mit wundervollen

Tipps für den Alltag!

Michaela Roeder beschreibt in ihrem Buch ... mit kleinen Tipps und Tricks, wie man sich selbst sein Leben schöner und positiver gestalten kann. Ohne "Herrn Griesgram" die Macht zu überlassen :-)))

Vor allem..wenn es einem Mal nicht so gut geht.. schnappt man sich einfach das Buch.. schlägt es an irgendeiner Seite auf..und fängt an zu lesen.... hilft garantiert wieder positiver zu denken und nicht immer nur das Negative zu sehen....:-)

Wer ein echter Pink-Thinker werden möchte ... sollte dieses Buch lesen ... überzeugt euch selbst ;-).

Theresa: toller Ratgeber oder: das Motivationsbuch
Das Pink-Thinker Buch. Werde Besser-Denker und finde dein Glück.

Zuerst war ich von dem

außergewöhnlichen Titel etwas irritiert.

Aber ich bin von Natur aus ein neugieriger Mensch, also kaufte ich das Buch und ich wurde nicht enttäuscht.

Leicht lesbare und sehr kreative Ausführungen zum Thema positives Denken.

Vor allem aber bekommt man eine unbändige Lust auf: raus ins Leben.

Ein richtiges Motivationsbuch gegen Trübetassentage und Motivationstiefs.

Pink wirkt! Einfach ein rundum gelungener Ratgeber und sehr zu empfehlen.

Dieses Buch sollte man für Notfälle im Schrank haben oder besser noch zur Hand.

Katrin: Alltagstaugliche Glückfinde Anleitung. Einfach Spitze!

Ein herrlich locker leicht und spritzig geschriebenes Buch. Ich habe schon einige Bücher in der Richtung gelesen, aber irgendwie konnte ich die Informationen daraus nicht in meinen Alltag transportieren- hier ist das ganz anders! Das Buch ist mitten aus dem Leben geschrieben und hat wirklich bei der Suche nach dem Glück geholfen! Es ist einfach genial und ich möchte es jedem empfehlen, der sich schon immer gefragt hat, was ist das große Glück eigentlich? Und wie finde ich es!? Ich hab auf jeden Fall mein Lieblings-Weihnachtsverschenkgeschenk gefunden!

Lebensberaterin Linda Giese: Pinke Welt

Toll wie einfach es sein kann sich zu motivieren, sein Leben positiv zu gestalten. Die humorvolle und eingängige Schreibweise hat mich köstlich amüsiert und es war eine Freude dieses Thema mal völlig unkompliziert zu erfahren. Sehr zu empfehlen!

Tatjana: die Anleitung für positives Denken

Lustig, locker und leicht verständlich geschrieben ist dieses Buch DIE ANLEITUNG für ein positives Denken und Leben.
Wundervolle Tipps für den Alltag, um „Hr.Griesgram" aus seinen Gedanken zu verbannen. Michaela Röder gibt Tipps und Tricks zum Motivationstraining zu Hause, kleine Hilfen um im Alltag die Regenwolken wegzublasen und wieder die Sonne strahlen zu lassen.
Wenn man einmal denkt, es geht nicht mehr, einfach das Buch schnappen und schon sieht man wieder PINK. Dieses Buch ist für alle Pink-Thinker und die, die es werden wollen!
Einfach nur spitze und uneingeschränkt zu empfehlen!

Nicoletta: Hilfreich und Aufbauend

Ein wirklich hilfreiches und unterhaltsames Buch.

Die Autorin führt den Leser ohne Umschweife zum Thema positives Denken.

Sehr einfallsreich, finde ich, wie das Thema positives Denken in Szene gesetzt wurde.

So heißt unser altes Bewusstsein zum Beispiel: Herr Grießgram, sofort hat mein ein Bild vor Augen und kann dieses Bild sofort abrufen, in einem Moment, wo es wieder einmal darum geht, das Thema positives Denken in den Alltag einzubauen.

Das Buch ist wie ein Motivationstraining, das man nun zuhause liegen hat.

Ich persönlich habe schon einige Übungen ausprobiert und muss sagen, dass sie alle helfen, auch wenn sie anfänglich etwas ungewöhnlich wirken.

Alles in allem ein wunderbares Buch, das einen wirklich wie auf dem Klappentext angekündigt aus dem grauen Alltagstrott, in ein fröhliches

Pink-Thinker Leben bringt.

Jeder der ein wenig Antrieb benötigt sollte sich unbedingt dieses Buch zulegen!!!

Ich freue mich, wenn auch du deine Erfahrungen mit dem Pink-Thinker Buch mit der Welt teilst. Dies kannst du über das Bewertungssystem deines Buchhändlers tun, in meinem Blog über die Kommentarfunktion oder womöglich sogar in deinem Blog oder auf deiner Webseite.

Über die Autorin

Michaela Röder lebt in Neuss bei Düsseldorf.

Seit 14 Jahren berät sie Menschen in Krisensituationen und Love-/Lifecoach.

Inzwischen sind mehrere Bücher von Michael Röder auf dem deutschsprachigen Markt erschienen.

Sie schreibt unter anderem als Kolumnistin für Frauenmagazine und im eigenen Blog über: Liebe, Sex und andere Gemeinheiten (www.liebe-sex-gemeinheiten.de).

Weitere Infos und Kontaktdaten

www.michaela-roeder.de